我滴马呀

黄竞欧——著

潘英姿——绘

上海教育出版社
SHANGHAI EDUCATIONAL
PUBLISHING HOUSE

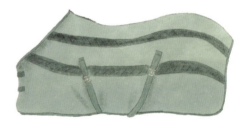

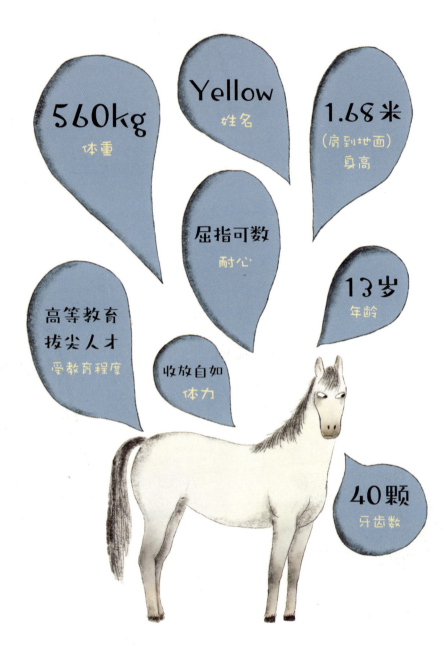

Yellow

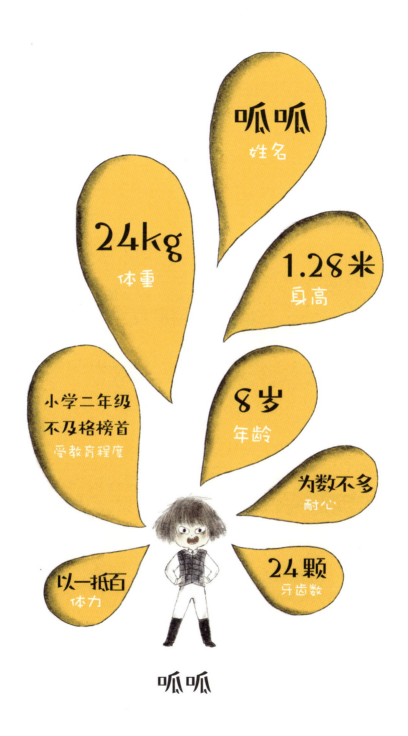

呱呱
姓名

24kg
体重

1.28米
身高

小学二年级
不及格榜首
受教育程度

8岁
年龄

为数不多
耐心

以一抵百
体力

24颗
牙齿数

呱呱

期 待

于她是明日可期，于他是无新鲜事。

呱呱去过马场几次，不过她还没有自己的马。她爱好广泛但不持久，家里落灰的小提琴、网球拍、水彩笔，应有尽有。一次偶然机会，她在网上刷到了华天叔叔骑着马跨越障碍的比赛视频，她说看起来好难，但好酷，她也想学。

于是就有了第一次去马场的经历。她其实不太清楚，"当学员骑马场的马"和"当马主骑自己的马"究竟有什么差别。教练说，那可完全是两回事。爸爸妈妈听进去了，他们平时工作忙，很希望能有一位陪着呱呱成长的伙伴，也希望呱呱可以在跟他的相处中学着去体谅、照顾别人，学着为自己的喜欢负责任。

所以作为 8 岁生日的礼物，爸爸妈妈送了她一匹马。

这是一匹 13 岁（相当于人类的 40 岁）的成年公马，训练有素。他参加过很高级别的障碍赛，也跟特别厉害的骑手配合过。他们告诉呱呱，要把这匹马既当作伙伴，也当作老师，因为他可以教她很多。

呱呱有点儿矛盾。肯定有开心的地方，因为她一直有个愿望——给马儿扎小辫子！

马儿的鬃毛从耳朵根一直长到肩膀，还会垂到宽宽的脖子上，即便经常梳理也容易毛糙。她想给马儿编那种很细、很密、根部可以立起来的小脏辫儿，一定要用上她最喜欢的亮黄色皮筋。

平时教练是不许她这么做的，因为教学马是大家一起骑的，不是她的专属马，别的小朋友看到可能会不喜欢。

呱呱还有一个愿望是，拥有给马儿取名字的权力。教学马不是叫"红酒"就是叫"勇士"，她好讨厌这些名字。她要叫自己的马儿"Yellow"。

是秋天在奶奶家院子里闪耀的星星的颜色，是茉莉花味香薰蜡烛燃烧的火焰的颜色，是盼望的颜色，是把头低下来，偷吃书桌膛里的干脆面的颜色……总之，是温暖的颜色。不需要能力有多强，听话就好，她这样想他。

不过，呱呱不希望他像他们说的那样，脑袋里装满以往的比赛经验，来了只是为了给她上一课。他又不会说话，怎么教人呢？

再说，她平时在学校里一直紧张兮兮的，要努力保持学习状态，好不容易熬到周末，如果又来这一套，多少会有点烦。

说来说去，呱呱还是非常期待见到 Yellow 的，她希望他旅途顺利，能吃能喝，最好快点来。

梦里不知身是客，一晌贪欢。又要挪地方，又要换人喽，马这样想着。他需要坐着运马车从潮湿的南方一路向北。他喜欢透过车窗看在高速公路上飞驰的扁扁小汽车，真想下去比比速度。

这不是他第一次搬家了，对他来说，各家马场大差不差。上一家马厩的大门漏风，冬天有点冷；再上一家，一周才压一次砂地，老是坑坑洼洼的，容易崴脚。

至于骑手，他也接触过不少，都是成熟骑手，他们很清楚怎么有效地发号施令。他觉得自己更像一台听从指挥的机器，让跑就跑，让跳就跳，反正每天本来也要活动活动身体，干什么不是干呢？

如果说有什么事情是他以前没经历过的，那就是他还没跟小屁孩儿打过交道。不过，他多少听之前马场的朋友讲过一些，无非是头几天爱折腾，改名字，将带来的胡萝卜切成爱心形状，拍各种合照，折腾个全套后就消停了。

　　他对新马场没什么期待，就希望伙食能新鲜一点，冬天供暖好点儿。新马场也不会有其他特别的地方了吧？

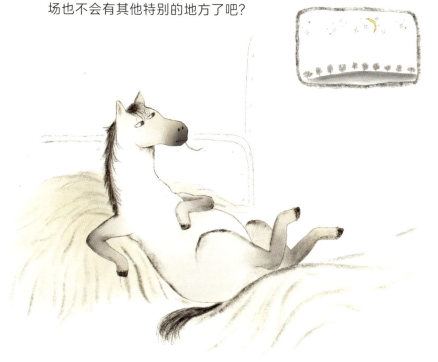

误 解

是她束缚在先，他才必须对抗。

今天呱呱要去见 Yellow 了。她一大早就爬起来，把妈妈切好的胡萝卜一片片压进做蛋糕的小爱心模具里。在家就把马裤、马靴、护甲、头盔、手套通通穿戴好了，等不及到地方再换。

马场在城市郊区，足足有 12 个足球场那么大，上百匹马生活在那里。呱呱一家三口开着车，穿过河堤边一条两侧种满柳树的碎石小路，在门口的停车场停下来。从马场正门走到会所是一条 L 型路线，会依次经过室外砂地训练场、跑马场和草场，沿途能看到很多马。有的马在安静吃草，有的马在地上打滚儿，也有规规矩矩地参加绕圈跑步训练的。

还没走到会所门口，离老远呱呱就看见教练牵着一匹巨大的纯白色马从马厩走出来，她让爸爸妈妈赶快去前台登记，自己撒腿朝教练跑过去。

这是呱呱第一次看见 Yellow。

他通体白色，脸很长，肚子不大，腿上的肌肉有棱有角；睫毛超级长，表情有点严肃，不正眼瞧人。

对呱呱来说，Yellow 好高好高啊！她要踩上上马凳的第三个台阶才够得到，坐在上面的感觉就像看音乐节坐在爸爸肩膀上一样，周围的房顶、树冠都可以平视了；一低头，教练在脚下了。

Yellow 的鬃毛又卷又硬，跟她的头发一模一样。妈妈说，有这种发质的小朋友脾气都特别倔强。

Yellow 的浪超大，每走一步都把呱呱的屁股往前推。即便只是慢步，呱呱坐在上面都觉得像坐在了电影院座椅靠背的肩颈按摩球上。

如果换成压浪，就更夸张了！呱呱的屁股被颠得老高，脚蹬也晃悠得厉害，她的脚一直左左右右地扭动，想找脚蹬的中心，还没骑一会儿就累得不行。她用两条腿紧紧夹着 Yellow 的肚子，快坐不住了，想让他停一下，给自己一个调整的机会。

　　呱呱缩短缰绳，但 Yellow 好像没收到信号，不仅没放慢脚步，还拼命摇晃脑袋。她急坏了，只能使劲攥着缰绳往后拉，但她越拉，Yellow 就越用力往前迈腿。

　　呱呱想不明白，让马停下来原本是件特别简单的事，她之前又不是没对教学马做过，为什么到了 Yellow 这里就不行呢？

　　毫无默契。

呱呱耷拉着脑袋，拖着腿，马靴拖蹭着地面。她摘下头盔，把手套丢进去，砰的一声关上车门。回家！不想逗留，多一秒都不行！

　　呱呱有点沮丧。第一次接触就这么别扭，Yellow 一点面子都不给。

都说"射人先射马，擒贼先擒王"，要是背上驮的两脚兽不靠谱，马都跟着遭殃，Yellow 长长地噗了一声。

初次见面，呱呱带了好多胡萝卜，这让 Yellow 对她有了点好感——这小孩儿挺有礼貌。她特别矮，刚到 Yellow 的大腿根。就算她已经踮着脚，Yellow 还是得把头使劲低下去，才能用嘴唇夹到她的肩膀。

18

一上马可就立刻露馅儿了。呱呱的骑乘技术让 Yellow 举蹄维艰，她给出的指令自相矛盾。

Yellow 知道自己比教学马高很多，也知道第一次坐在自己背上的人多少都有点紧张，但他真没料到，呱呱这么轻，轻到他必须非常敏感，才能感受到她的指令。

但是呱呱那么笨，不知道怎么回事，她一紧张就双腿僵硬，使劲夹 Yellow 的肚子。在 Yellow 的理解里，这是要让他跑，他开始加速。这可把呱呱吓坏了，她慌乱地往后扯缰绳。Yellow 都不知道她哪来那么大力气，嘴都被拉得好疼，只能不停晃脑袋，对抗她的拉拽。

他想让呱呱知道，自己难受得不得了。他想让她冷静一点，给自己一个明确的指令，不要只知道使蛮力。

可惜，这一切都是徒劳。Yellow 马生第一次遇到如此低水准的骑手，他无语至极，只想一溜烟送她到门口——下课吧，求求你了。

20

恐 惧

他是不可操控的，这让她觉得危险。

又是一个周末。呱呱开始学习"跑步"了。她平时是个特别依赖自己感觉的小朋友，不太习惯轻信别人。比如，一位阿姨说，"这道菜太辣，你不能吃"，她就一定要尝一口；老师说，"这把椅子太重，你搬不动"，她也非得试着搬一下；同桌说，"这道题我刚做完，答案是 C"，她必须翻到答案页，自己确认一次。

呱呱很自信，这是一种建立在亲力亲为上的自信。或者说，她只信任自己的经验。

呱呱是她自己的主人，一向如此。只不过……在开始思考世界不到 8 年的时间里，呱呱其实没有面对过真正的恐惧，也因而没有真正怀疑过自己。

但今天，呱呱跟教练吵架了。下课后她把 Yellow 拴在备马区，甚至没像平常一样跟教练一起拆卸马鞍、肚带、水勒，就自己小跑着去了更衣室。

她坐在长椅上，摘下手套，没忍住，哭了，幸好没被人看到。

练习跑步需要驾驭比压浪更大的起伏，呱呱的腿部力量很弱，每一次起伏她都会弹起好高，之后狠狠砸下去，骨盆撞在马鞍上。她顾不上疼，战战兢兢地维持着平衡。

Yellow 一跑起来，呱呱看着训练场旁边的树嗖嗖地飞快闪过，她就控制不住地害怕。偏偏这时候，Yellow 没有丝毫怜爱，反而特别倔强，不停抬头、低头、抬头、低头，也就是教练口中的"扎头"。

呱呱在马背上想了很多办法，比如试着把缰绳放得很长很长，长到她的手跟他的嘴已经失去了联系。Yellow 没有任何平静下来的意思，动作越来越大。呱呱只能换种相反的办法——迅速缩短缰绳，把手举得高高的，半躺着使劲往后拉。但 Yellow 的力气实在太大了，呱呱感觉自己被他从左前方、正前方、右前方来回扯，整个人摇摇晃晃，马上要掉下去了。

呱呱向教练大喊:"我怎么才能把他拉停?你让他停一下,好不好?我快掉下来了!"

教练用比她更大的音量呵斥她:"继续,不许停!你的骑乘没问题!"

呱呱慌了。除非切身感受到某种恐惧,她可没那么容易被吓住。她坐在更衣室的长椅上发呆:平时走路、跑步、抓东西,靠的不都是自己的感觉吗?如果她认定自己快要失去平衡,从马背上掉下来了,这种感觉难道不真实吗?

可是，为什么教练说，从她的姿态来看，她没有失去平衡？还说，要学会跑步就必须克服对坠马的恐惧？

一个是自己感受到的，摇摇欲坠的自己；一个是教练看到的，还算稳当的自己，到底该信哪个？

无论如何，恐惧的种子就这样种入呱呱的自我怀疑中。她觉得只要 Yellow 不听她的，她早晚有一天会坠马。

"春风得意马蹄疾，一日看尽长安花"，Yellow 觉得今天的训练实在是，轻松又愉快。呱呱太好欺负了！他知道，她一上来就想拿捏自己，但……也得有那个本事啊！他随便晃晃脑袋，呱呱就急得喊教练了。

他只是不停地扎头欺负她，但驮着她的肩背一直都四平八稳的。坠马？还真是她自己吓自己。

退一万步说，难道有一直练习马术却从未坠过马的骑手吗？至少 Yellow 没听说过。有时候他也不是故意的：偶尔跑着跑着走了神，踩沙坑里，前腿一软，膝盖一弯，背上的骑手就咻的一下越过他的头，飞出去了；或者他本来打算跳障碍，跑到障碍杆前才发现距离没控制好，起跳点不对，就顺势往右绕，这时候骑手经常会被晃一下，没坐住，滚下去后撞在障碍杆上。

疼是一定会疼的，但……也没见谁怎么着啊！坠马，真有那么恐怖吗？

Yellow 用不会真正伤害呱呱的方式戏弄她，是因为讨厌她的自私。在他看来，呱呱只想保全自己。她也太自不量力了。

把一个体重不到 50 斤的小小人放在一匹体重超过 1000 斤的大大马身上，就相当于把一块泡沫浮板扔到海浪中。她如果想让自己不被海浪卷翻，最好乖乖趴好，海浪按什么节奏、什么幅度波动，她就随着动。难道还指望大海为了一块泡沫浮板而不掀起浪吗？

　　可是呱呱宁愿紧绷着屁股，恨不得把自己从马鞍上架起来，也不愿意好好贴着马背坐下去，接受 Yellow 迈了哪两条腿，动力状态如何反馈。她一味靠蛮力命令 Yellow 适应她的变化，这现实吗？

　　Yellow 想给她上一课：如果她追求的是绝对的自我，就不该练习马术。

　　骑手如果学不会放下防备，安于被动状态，把自己交给马，而是将全部心思都用在害怕坠落、急于操控上，就是本末倒置。一匹马，凭什么会顺从柔弱的小小两脚兽的意志？

尊 重

能让他行动的，必是她的尊重，而非诱惑。

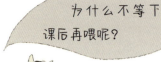
为什么不等下课后再喂呢?

教练,今天我带了苹果和薄荷糖,可以在训练前就给 Yellow 吃吗?

你选择用这种方式啊,那你试试看。

因为我想讨好它,让它今天别欺负我。

33

练习跑步有段时间了，呱呱并没有克服恐惧，只能说，她习惯了一点。但如果 Yellow 在跑步中失去动力，步伐突然回收，一下子变成快步，她还是会反应不及，扑倒在他的脖子上，吓出一身冷汗。

呱呱逢人就说自己到了瓶颈期，教练笑了："瓶颈期是不是来得早了点儿？"

马场对 Yellow 的照顾很细致，从食物到运动量，都控制得很好。马不能摄入太多糖分，所以呱呱每次只带点胡萝卜，不会刻意准备其他零食。

不过，上周末她去奶奶家，无意间看到奶奶拿着磨牙棒引诱家里的狗狗听话坐下，狗狗两眼放光，吐着舌头乖乖照办，等待主人的恩赐。呱呱茅塞顿开。

原来应该在训练前就把 Yellow 平时最想吃却吃不到的东西喂给他，让他知道乖乖听话就有好吃的，他就不会由着性子想停就停了。

所以今天呱呱不只带了胡萝卜，还带了苹果，带了方糖。总之，一匹马爱吃且能吃的无外乎这些，她全部备齐。

训练前，她把这些好吃的一样一样放在手心里，让 Yellow 看到，但先不给他吃，等到他用蹄子铛铛铛刨地，非常渴望吃时，她才一点点喂。一边喂还一边唠唠叨叨地讲自己的要求……不可以急停，不可以转小弯，不可以扎头……Yellow 吃完后，她喜滋滋地上马了，觉得这回肯定没问题。

事与愿违。下课后，她不想多讲一句话，懊恼又沮丧地捏着水管，照例给 Yellow 冲腿以缓解疲劳。

Yellow 不像奶奶家的狗狗，会因为零食而变得听话。准确地说，零食对他毫无作用。呱呱真想问问他，到底对她哪里不满意，他到底想要什么。

Yellow 明白她的良苦用心，但觉得她幼稚、可笑。要知道，马的祖先在野外生存，他们群居，结伴而行；他们是猎物，不是捕猎者。

作为处在食物链底层的食草动物，他们不太担心缺少食物。青草就长在那里，不会跑，当然也不用追。

面对食肉动物，逃跑才是马的本能。他们敏感，易受惊吓，缺乏安全感。他们几乎没有能力对其他动物造成威胁（后踢的那两下只对两脚兽有效），只要有风吹草动，立刻躲避才是他们的最优选择。

如果 Yellow 并不缺少一样东西，又怎么会被它拿捏呢？

其实，Yellow 并非感受不到呱呱的善意。只是，他年长于她，不愿意用虚假的反应配合她去表演什么。

他不希望呱呱因此产生什么错觉，以为人和马就是这么简简单单的驯养关系；以为人马配合的关键在于马，而不在于人。

那她就看扁了马，也看低了马术。长此以往，呱呱离这项运动的主旨只会越来越远，永远不会成为一位好骑手。

他讨厌呱呱用诱惑的方式收买自己，他需要的是尊重。呱呱得放下掌控欲，学会谦卑。Yellow 长叹一口气，她明明什么都不懂，却不肯放弃，笨笨地努力着，拿她怎么办好呢？

服 从

他并不享受懒惰，只是需要一个服从她的理由。

41

今天时间过得特别快，还没等呱呱感觉腿酸、屁股疼就下课了。她觉得自己骑得有点懈怠。以前骑马，她的脑袋好忙啊，刚关注完手是不是抬得太高，就意识到脚后跟没踩下去，随后发现胯部又开始僵硬了……呱呱觉得浑身都不听使唤，顾了这边就丢了那边。

随着跑步次数的增多，呱呱似乎变"麻木"了。她开始能感觉到周围的风是干干暖暖的，能闻到新鲜马粪柔和的咖啡曲奇味；她的视线也从 Yellow 的头上移开，能盯着远处的停车场看完一整个泊车过程；她还能听到运送干草的拖拉机离训练场越来越近。

不知不觉，呱呱把自己的感官打开了。她撤回了一个紧张兮兮、苛求每一个动作细节的自己，因为她发现，牵一发而动全身。

当她执着于自己某个部位的单一动作是不是足够符合教练制定的规范时，身体其他部位就会不自觉地动作变形，原本想全力做好的动作也无法继续正确保持下去。她得先把自己还给自己，自然而然地做动作。

呱呱越来越意识到，马背上的身体是一个整体，它需要根据马的律动灵活、柔软地调整自己，并不存在局部的绝对正确。而当身体整体维持一种动态平衡时，实际上每个局部都带有各自的偏差。

她无法像法官一样迅速判定，是脚跟下踩的力度更标准一点，还是手臂回收的位置更规范些。它们都各有道理，各自保全。

这种麻木虽不能消解她对坠马的恐惧，但可以说，她的恐惧由具体变抽象了。以前，她觉得坠马或许是因为小腿没夹紧，但连续跑了几圈后，她的小腿已经不受控制地松了下来，可她没坠马；又或者是因为手抓缰绳不够紧，但每次到了后半节课，她的手指早就酸了，哪还有力气抓那么紧，她也没坠马……

更重要的是，她不再苛求 Yellow 了。呱呱会在他跑几圈停下来的时候，俯身拍拍他的脖子，而不是责怪他为什么停；会在他摆头的时候把手肘打开一点，尽量不要让他觉得嘴被扯到……之前 Yellow 的那些让她措手不及的动作，其实没有减少，但她开始习惯了。

于是，那些动作就由不正常变为正常。她不再敏感到草木皆兵，而是开始接受：接受他有自己的想法，有自己的判断，有自己的感觉；接受他是活生生的存在，不稳定才是正常的。

呱呱松弛了很多，她对自己和 Yellow 的关系不再抱有那么多的怀疑。但对于另一件事，她依然无比确信，那就是只要自己继续骑马，就一定会有坠马的一天。她不确定那一天何时到来和如何到来，她只能在这种悲观的预期中，惴惴不安地等待它的降临。

或许有些动物生性懒惰，但
Yellow 不是。他会停止前进，会
拒绝加速，会故意走向训练场的
出口，不过这些都不是他的天性。
恰恰相反，他主动选择了懒惰。

Yellow 的懒惰就是拒绝服从呱呱，是逃避合作。至于原
因，他并不是要针对她，而是看不到服从的意义。

呱呱给出指令的方式常常是既模糊又善变的，犹犹豫豫，
因为她不够信任 Yellow。比如，呱呱想要 Yellow 跑，就给出
跑步的指令，但当他真的跑起来，她开始担心他会不会越跑越
快，会轻拉缰绳，回收他的动力；当他开始降速，呱呱又怕他
会突然停下来，就用脚磕他的肚子，让他保持动力。

这让 Yellow 很烦躁，他宁愿站定不动。他没有前进的欲
望，像一位已经受够了不懂业务又爱乱指挥的领导的员工。目
标：未知。方向：常变。成就感：全无。为什么要服从？服从什
么呢？呱呱自以为是的意愿关 Yellow 什么事？他凭什么服从一
个既自我怀疑又不信任伙伴的两脚兽呢？

不过今天，或者说最近一段时间以来，呱呱有点不一样了。
Yellow 发现，呱呱变安静了。她很少再为了确保自己的控制权

而手、膝、腿、脚小动作不断，尤其是手，她
会把大臂稳稳地架在那儿，小臂柔软地随着
Yellow 动。Yellow 动作幅度大了她也不着急，
会往前伸一点小臂，把缰绳送出去，给他留出
空间。

　　Yellow 第一次觉得这么舒服，真的有被照
顾到，所以他也很平静地一直跑一直跑，直到呱
呱累了，拉缰绳让他停下来。

其实，Yellow 每天本来就需要靠奔跑来防止肌肉萎缩，爱跑步是他的天性。但服不服从呱呱就得看心情，虽然二者并非对立关系。

Yellow 意识到，某种改变正在发生，呱呱成长了。"还不够哦，小家伙！"他想要的可不只是平静的舒适，他还想更专注，更兴奋，更热血，而这些都需要呱呱前所未有的笃定和信任。他在等那个时刻。

理解

理解就是，她了解了他眼睛的结构，
接着想象出他眼中的世界。

可把呱呱幸福飘了。

有一天她来马场训练，下课的时候正好是中午，阳光超好，也不热，风吹在身上不会出汗。呱呱牵着 Yellow 来到马场的放牧区，拆掉他身上的马具。这是一块小草坪，此刻只有他们俩，很清静。

Yellow 狼吞虎咽、吭哧吭哧地啃着草，呱呱靠在三十米外的栅栏上玩手机。Yellow 边吃边移动，离她越来越近，直到伸手就可以摸到。呱呱挠了挠 Yellow 的下巴，又顺手撸了几下脖子，没想到 Yellow 居然"碰瓷儿"，侧着倒在地上，把大脑袋枕在呱呱腿上，眼睛慢慢合上，似乎睡着了。

呱呱还是第一次享受这种待遇，她一点儿都不敢动，生怕一不小心做错什么，Yellow 就会站起来走掉。她兴奋到都能听见自己的心跳了。

"妈妈不是不信任你，但是小朋友不可以自己坐高铁，肯定会在车站走丢的。"
"老师非常信任你，但是你能不能解释一下，为什么试卷最后一道题你跟她错的地方一样？"

这就是平常呱呱的那些被狠狠"信任"过的时刻。与这些相比,她觉得Yellow给她的信任,是惊天动地的。

这份信任太简单、太直接,就像一颗跳动的心脏贴在了另一颗跳动的心脏上,他们用生命的存在本身互相诉说信任,这种诉说根本用不上语言,更不必谈语言背后的试探、博弈、伪装。

呱呱一毫米一毫米地弯下腰,把脸慢慢凑近Yellow的头,他鼻孔呼出的热气吹拂着她。蓝天和草地成了两片吐司,中间自下而上依次夹着两条被压麻也决不挪动的细腿,一个长脸大头和一颗嘴角翘起来的小头;这个三明治的馅料之间毫无缝隙,空气都进不去,因为它们不是被谁一层层放上去的,它们是……自己一定要粘在一起的。

画面真美好啊!……然后就睡醒了。

呱呱牵着 Yellow 回马厩时，不出意外地出意外了。他们走在从放牧区到马厩的碎石路上时，一阵风吹来一个不知从哪里飘来的塑料袋，红色的，正好落在 Yellow 的前蹄前面。

Yellow 猛地往旁边一闪，跑了几步，呱呱反应没那么快，抓在手里的牵马绳没来得及松开。她先是被拽了个跟头，摔倒在地上，接着被拖行了十几米，身体不断摩擦着碎石。

幸好没磕到头。不过马裤是紧身的，很薄，整条腿都剐蹭得热辣辣地疼，屁股和肚皮上也渗出星星点点的血。

呱呱站起身，她没叫人，像什么都没发生一样把 Yellow 牵回马厩。关上隔间门，她转身后退几步，冷眼盯着 Yellow。

Yellow 的失控让她感觉他变得陌生起来，非常失望，甚至觉得她刚刚感受到的信任是种错觉，是自我感动，不然为什么会发生这样的事？地上不过是个小小的塑料袋，有什么好怕的？但凡 Yellow 为她考虑过一丁点儿，就不会看到她摔倒了还往前跑。

而且，是呱呱牵着他往前走的，如果路上有什么危险，呱呱一定比他先看到。既然呱呱没停下来，就说明她已经作出判

断，一个小小的塑料袋对他们俩前进这件事没有任何威胁，Yellow 为什么不能相信呱呱的判断呢？

教练刚好路过，问呱呱怎么了，身上为什么这么脏？呱呱说了刚发生的事情，教练没回应她，径直走向马厩深处，对着正在整理干草的清洁工大发脾气："我跟你说过多少次，刮风天一定要看住塑料袋，不要让它出现在训练场周围。如果有马受惊，学员掉下来摔伤了，你负得了责任吗？"

这完全出乎意料。呱呱原本已经准备挨教练骂了，因为骑手的第一准则是，马永远不会错，一定是骑手出了错。所以，她早就习惯了不管遇到什么事，教练只会批评她。

这次的事情好像没那么简单。

　　教练递给呱呱一本英国 DK 公司出版的《马术全书》，让她看一下马的眼睛结构，说这其实是一位骑手的必修课。

　　呱呱捧着书，坐在离 Yellow 不远的马厩门口，把书看了小半本。从马的眼睛结构到耳朵构造，再到牙齿……她好像理解了什么。

　　她问教练要了几根胡萝卜，去喂 Yellow。她觉得自己好失职，她口口声声说要保护 Yellow，说危险来时会挡在他前面，然而她甚至不知道 Yellow 的弱点是什么，什么对他来说是危险的。她好内疚。

　　当一个红色的塑料袋出现在 Yellow 正前方的地面上时，呱呱显然不清楚这意味着什么。

Yellow 是双色视觉，他可以分清楚颜色的明暗，但只能辨别两种颜色——红色和蓝色。所以，在草地上举办的场地障碍赛不会出现绿色和灰色的横杆，因为马分辨不出来。

呱呱牵着 Yellow 往前自然行走时，他的头跟地面成 45 度夹角，此时他使用双目视觉，也就是两只眼睛同时往前看。要知道，Yellow 是可以单独使用任意一只眼睛的。双目视觉意味着，他只能看清楚自己前方的区域，而这个区域的上方和下方都是 Yellow 的视觉模糊区。

对红色本就敏感的 Yellow 在塑料袋飘到前蹄下时，其实看不清那是什么。于是他低头至与地面垂直的角度，这样就能看清前方区域了。当 Yellow 看到塑料袋时，它正随着风左右飘动，一个模糊的影子忽然变成一个清晰、显眼、胡乱移动的物体，Yellow 当然会被吓到！他简直吓坏了！

他本能地跳起来躲开，因为惯性，自空中落下的腿只有往前跑几步才能停住，所以会拖着呱呱跑了十几米。Yellow 回头看了一眼摔倒在地上的呱呱，有点愧疚，但他的确很生气啊！

如果是一位成熟的骑手遇到这种情况，要么会在塑料袋落地之前就抓在手中收好，要么看到后会赶快把马头拉开，分散马的注意力。无论如何，无动于衷都不是替马考虑的行为。

　　Yellow 很无奈。他没办法用语言将这些讲给呱呱听，她必须主动理解 Yellow，在这一点上 Yellow 帮不上忙。他只能等待。如果她足够在意他，如果发生冲突之后她不采用冷暴力，而是想尽办法找原因，一切就还有救。

　　他很欣慰。快到傍晚的时候，她终于出现了。带着胡萝卜和委屈的笑脸，在跟他道歉，在喂他胡萝卜，在摸他的眼皮。

　　她望向他，从他的眼睛里看到了一个小小的自己。

协 力

他不是在帮她，而是她想去的地方他刚好也想去。

呱呱要练习跳障碍了，先从地杆开始。地杆是一根 3 米长、10 厘米粗的木杆，特别重，就摆在场地中间，呱呱要骑着 Yellow 跑步通过。

开始这个训练之前，呱呱挺担心的，因为她其实只能给出让 Yellow 向前跑步的指令，并不知道他看到地杆之后是会停下来，绕过去，还是会按她希望的，迈过去。

一切远比她想象得流畅！倒也不是一帆风顺。有几次 Yellow 脚滑，踩在了杆上，跩跄了一下，这足以让呱呱在马背上来一次马趴。但这种情况过十次杆也只会出现一次，大部分时候，呱呱觉得过杆这件事甚至并不是她要求 Yellow 做的，而是他自己的主意。Yellow 拿它当个游戏，蹦蹦跳跳着就迈过去了。

呱呱的心情有点复杂，因为从第一次上马慢步，到打圈起坐，到自己控缰快步压浪，再到跑步……每解锁一项新技能，她都能清楚地感受到难度。

这种难度的进阶跟她每个周末的训练如影随形，呱呱在生疏感、挫败感、自我怀疑、疲惫、懒怠、忍耐、坚持、适应……之间反复横跳，不过，这其实也是她安全感的来源。就是因为这个过程的存在，她才掌握了踩在难度之上去达到更高目标的方法。

呱呱记得，有一次她跟妈妈打车来马场，司机师傅看到目的地就和她们攀谈起来。司机师傅问骑马怎么还需要学，他自己第一次去草原，骑上马就直接跑起来，很简单。后来呱呱把这件事讲给教练听，问他差别在哪儿，教练说了两个字——"联系"。

呱呱慢慢才明白其中的差别。她学习的马术追求"人马合一"，但人是人，马是马，怎么合一呢？通过"联系"。大腿和膝盖与马背的联系，小腿和脚跟与马肚子的联系，手通过缰绳与马嘴的联系，腰胯和屁股与马腰的联系，身体的重心与马的节奏的联系……

这些联系就像呱呱知道大鱼的忌口是不吃折耳根；即便在放暑假，也可以早晨 7 点就给他打电话，因为他习惯早睡早起；她知道他家住哪儿，也就知道了他去不同地方要多久；她知道他读过什么书，明白什么样的故事会让他感动……大鱼是呱呱最重要的朋友。

司机师傅骑在马上的时候，马只是自己跑，背上驮着的是这位师傅还是一个沙袋，对马来说几乎没有差别。就像一个第一次跟大鱼吃饭的人，或许刚好点菜没点到折耳根，这顿饭一切顺利，但如果不幸点到了呢？这种风险放在骑马这件事上，有可能是致命的，无论它的概率有多小。所以，司机师傅顺利骑马是偶然一次的侥幸，而呱呱学骑马是日积月累下的稳妥。

算起来呱呱和 Yellow 也认识一年多了，她会观察 Yellow 耳朵的朝向，判断他是不是紧张；可以用小腿夹紧的力度让 Yellow 知道自己的意图；还能根据 Yellow 头部的晃动或速度的变化第一时间识别他的反馈。

她越来越理解，Yellow 只会做他想做、喜欢做、知道如何做的事情，而她存在的意义就是想办法与 Yellow 达成一致，设定难度合理的目标，再一次次去共同实现。

这是一种微妙的共鸣，每一次成功做到了，
呱呱都会趴下来拍拍 Yellow，那是只有他们才
懂的庆功。

Yellow 是一匹来自德国下萨克森州的汉诺威马，呱呱是他到中国之后遇到的第三位骑手。

三百年前，Yellow 祖先的工作大多是在战场上拉四轮马车。第二次世界大战之后，它们才开始作为马术运动用马被培育。它们有着雄伟的体格、天生的骄傲和稳定的情绪。

Yellow 出生在马场。他爱吃加了黑豆、枸杞、玉米和燕麦片的马粮；喜欢玩耍后站在红外线烤灯下放松肌肉；夏天一出汗，就经常用头顶教练撒娇，要人给他用凉水冲澡；立冬刚降温，睡觉时他就习惯穿好马衣。他长大的环境很安全，同类、和他一起长大的狗以及两脚兽们，都爱跟他打打闹闹，他从不担心被真正伤害。

所以他会趴着睡觉而不是站着，会任由钉蹄师抬起他的蹄子敲敲打打而不反抗，会在有人拍他屁股时回头看看，而不是直接一脚踢飞……他就像在城市的妇产科医院出生的人类，对所谓旷野没有那么多的想象，对习以为常的生活也没有那么抗拒，但他有时会觉得无聊。

他需要释放精力，也需要找到成就感的来源。他会为被宠爱、被理解、被鼓励、被奖赏而感到幸福，也会为实现一个目标而万分开心。前提是，他得认可这个目标，明白实现它的路径。

呱呱就是他在这个马场新鲜感的来源，让他在日复一日地吃草、睡觉、对着其他马喊话之外，还有所期盼。她带给他新的零食，以及新的目标。

每次呱呱来，Yellow 都会雀跃着跟她走进训练场，他迫切地等待着呱呱发出指令。这像一次次游戏邀请，他自愿入局，积极参与，与呱呱并肩作战，斩获胜利果实，然后……分赃……他的薄荷糖和她的考级资格。

接 受

必然性并不存在，她接受了他的偶然，在顺境和逆境。

各位领队，各位骑手请注意：现在正在进行的是场地障碍中三级的考核，路线长度是 320 米，行进速度为每分钟 325 米，允许时间区间为 50 秒至 70 秒……

广播声起，Yellow 背上的呱呱在脑子里一遍遍默背一会儿要跑的路线，而 Yellow 悠闲自得，摇晃着尾巴在练习场跟来来往往的其他马打招呼。

"接下来登场的人马组合是呱呱和她的 Yellow，13 岁的汉诺威马，公马。"

呱呱和 Yellow 进场。呱呱脑袋一片空白，只留意到裁判席上好像坐着几位裁判，都看起来小小的，她是用余光扫到的。跳第一道障碍，比较轻松；第二道也在 Yellow 顺从惯性就能跑过去的路线上，还算流畅；跳第三道障碍时，需要一个转弯，呱呱的动作稍稍犹豫，弯转大了，有点勉强；跳第四道障碍时，打掉了一根杆，她心里开始犯嘀咕……

呱呱既不往左看，也不往右看，更不往远处看，只低头看 Yellow 的头。她想，要是能像平时训练一样，按个暂停键就好了。她还是不习惯在行进中调整，总想先把 Yellow 拉停再从长计议，但……这是在考试啊。

她这么一恍惚，没察觉 Yellow 此刻没对准下一道障碍跑直线，而是晃晃悠悠，动力减弱，又没停止跑步，很快来到第五道障碍前……

眼看着 Yellow 要跑到障碍杆前的起跳点了，呱呱身体前倾，抬起屁股，准备跟身。然后……Yellow 停住了，原地踏了几步，若无其事地从侧面绕过障碍杆。

在他停住的那一刻，呱呱的屁股从马鞍上方直接冲到马脖子上，从左边滑了下去，砸在障碍杆上。她松开缰绳，后背朝下，重重落地。

落地过程不过 0.3 秒。呱呱像在看电影一样，眼前的画面迅速切换。从白色的飘动着的马毛，到红色的粗到占满视野的障碍杆，再到黄色的亮到反光的砂地，最后是蓝色的剧烈晃动的天空。

终于安静了。她躺在地上，疼痛像电流一样穿过身体的各个部位，屁股、肩膀、脖子，好像她关注哪里，哪里就会疼；又好像一个整体的疼，分不清疼到底落在哪里。她看见场内的裁判朝 Yellow 跑过来，牵住他；教练也朝她跑过来，她翻身滚了一圈，站起来，迎着教练走过去。

这就是她"心心念念"的坠马吗？一切发生得太快了，快到

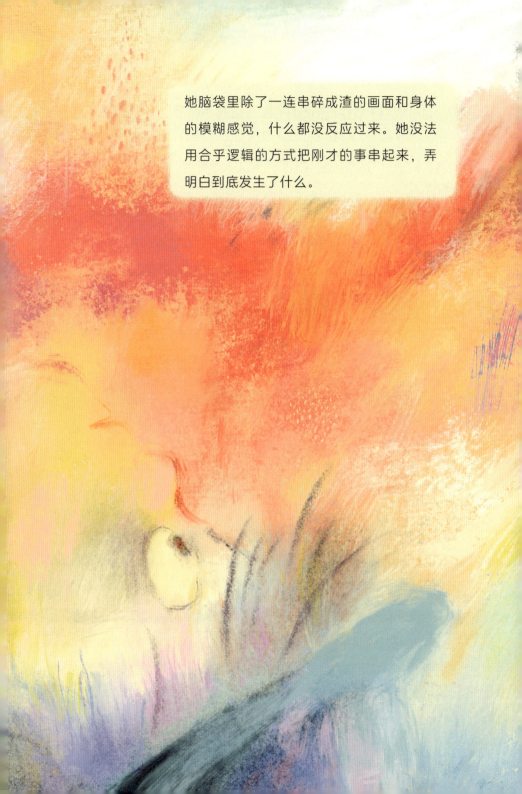

她脑袋里除了一连串碎成渣的画面和身体的模糊感觉，什么都没反应过来。她没法用合乎逻辑的方式把刚才的事串起来，弄明白到底发生了什么。

教练把手搭在呱呱肩膀上，说"没事没事"，带着她接过裁判手里的缰绳，拉着 Yellow 走向场外。他们穿过再熟悉不过的石子小路，马蹄的哒哒声特别响亮，甚至盖过了上空喇叭的播报声。

呱呱摘下手套，真是漫长的一天。她想赶紧回家，洗个热水澡。

但教练没有把 Yellow 牵回马房，而是直奔练习场。他示意呱呱上马，呱呱拒绝了；他要求呱呱上马，呱呱哀求，未遂，还是上马了。

教练让她和 Yellow 先慢步走走。呱呱坐在上面，还在浑身疼。Yellow 肚子动，她就腿疼；Yellow 后背动，她就屁股疼；Yellow 往前一迈步，她就脖子晃着疼。

走了几圈，她不耐烦地冲着教练吼："可以了吧？够了吗？"教练给出的指令却是：跑步，下一步准备跳障碍。

呱呱觉得，今天既是她人生中第一次坠马，又是第一次考级没通过，当然前一件事冲击更大，但无论如何，她都需要时间缓冲，还需要独立思考的空间好复复盘。她不明白教练急什么，为什么要现在逼她。

磨合了一年多，呱呱对教练指令的态度早就从过度思考变成直接听话，因为她意识到，在马术这件事上，只有当她掌握了相当的知识和技能之后，才有可能独立思考。在此之前，信任教练十几年的教学经验并不是盲从，而是顺应一项运动发展的规律。

所以，即使她很不情愿，也还是拉转马头，奔着与考场中同等高度的障碍杆跑去。她听到了教练为帮她控制起跳时机而发出的口令：1，2，3……

Yellow 腾空而起时，呱呱没有紧张，没有恐惧，没有兴奋，她平静得连她自己都颇感意外。她觉得自己似乎可以接受任何结果，因为她在练习中既曾跳过这个高度，也曾跳不过，甚至在考级中还在这个高度坠过马——她完全了解接下来的一秒钟可能发生的所有事。即便是最坏的情况，她也大概知道自己会怎样"呱呱坠地"。

呱呱克服了从上马开始就一直背负着的对坠马的恐惧吗？或许是，但或许这不应该叫克服，无非是，经历而已。

教练想用这样的逼迫告诉她，在马术运动中没有什么事是必然的，在任何一场世界顶级比赛中都会出现各种各样的意外。即使是奥运骑手，坠马的姿势也不会比她优雅多少。偶然，就是马术运动的必然。

在呱呱眼里，坠马是偶然；但在教练眼里，坠马当然是必然。想完成从偶然到必然的过渡，呱呱再怎样谨小慎微，反复琢磨，以及想讨好伙伴以降低风险，都是无效的。唯一的方法是被迫接受，习惯偶然不断出现。

无论是坏的结果还是更坏的结果，砸在脑袋上，摔倒了，就要立刻爬起来，大步往前走，不给自己沉沦的时间，接受总有一些很糟糕的偶然没法用时间的缓冲或精心的复盘来避免。一次又一次发生后，它会成为一个熟悉的敌人，没那么可怕了。

空中的呱呱把目光放到很远很远的地方，越过马场的栅栏，甚至越过她的童年……与其说她更信任 Yellow 了，不如说她更相信自己了。

泥上偶然留指爪，鸿飞那复计东西。Yellow 真不是故意的。他知道今天是考级的日子，对呱呱来说一定很重要。这条路线他们在训练场练过很多次了，坦白讲，呱呱的发挥算不上稳定，比如有时候她的转弯指令不够及时，路线规划也不

够合理，会让 Yellow 不得不转很小的弯，因而没有足够的距离调整方向，只能斜着，而不是垂直进入障碍区；或者呱呱不能敏锐地感知 Yellow 的动力状态，到达起跳点时他的速度不够。总不能原地拔起吧？一眼就能看出跳不过去。

今天在现场是雪上加霜，两样都齐了。

Yellow 本想在不合理的路线上尽可能赶到合理的起跳点，但呱呱很僵硬，缰绳一直拉得很紧，她大概是怕 Yellow 跑太快，冲过起跳点，打乱节奏。最终结果是，当 Yellow 到达起跳点的时候，他明显意识到，对他们双方而言，此时停住比强行起跳的伤害要小。

这个对呱呱来说最坏的结果，实际上是 Yellow 权衡之后的最优选择。马术就像烹饪中的"加盐少许"，它太微妙了。

Yellow 需要区分取决于他的条件和取决于呱呱的条件，以及既不取决于他也不取决于呱呱的条件，据此调整自己的行为。

呱呱很快又回到 Yellow 的背上，Yellow 也按照指令再次起跳，这次没问题，但下次还是不一定……没有什么是一定的。

Yellow 知道，呱呱跟自己在一起的这一年多经历了最多的逆境。认识 Yellow 之前，凡是呱呱想要的东西，都很容易得到；想放弃的，也不必承担后果。

她曾经想要征服 Yellow，要他顺从地帮自己达成想要的目标，要他的全部行为都跟自己保持一致。这是 Yellow 不能接受的。

幸好，他们现在磨合得不错。他们没有合二为一，他们变成各自独立的"两"。

Yellow 经历过很成熟的骑手，但这一次，他发自内心地想陪着这位极不成熟的骑手走下去，尽量久一点。

谢谢

无意间把家搬到了马场旁边的韩女士。

遭胁迫支付了一年马术课程费的黄先生。

深度考察后送了我纯皮长筒马靴的止庵老师。

赞助了我马鞭，
搞不好以后还得赞助马鞍、马镫、马绑腿的张大聪明。

替我起了书名的于桐先生。

以及本书的共创者：潘英姿和金亚静。

术语

浪　马向前运动的过程中出现的明显的上下运动。骑手在马上的运动轨迹接近连续的抛物线，类似波浪。马的浪大或浪小是指这一抛物线斜率的大小。

慢步　马的一种四拍步伐。四肢按内方后肢、内方前肢、外方后肢、外方前肢顺序运动。

快步　马的一种两拍步伐。介于慢步和跑步之间，对角肢一起运动。

跑步　马的一种三拍步伐。四肢按外方后肢、内方后肢和外方前肢（同时）、内方前肢顺序运动，然后是腾空期。

压浪　一种骑乘姿态。马在快步前进时骑手的屁股不离开鞍座，通过胯部、腹部，和背部的运动化解马的起伏波动。

打圈　一种马的调教方式。本书中指教练站在场地中间牵着马，骑手坐在马上以教练为圆心练习跑步。

扎头　马的一种身体姿态。拒绝与缰绳联系，将头深深低下。

中三级　中国马术协会马术项目级别之一。共 8 道障碍，单横木 2 道，不低于 50 厘米，其他 6 道不低于 30 厘米。

图书在版编目（CIP）数据

我滴马呀 / 黄竞欧著；潘英姿绘. — 上海：上海
教育出版社, 2025. 3. — ISBN 978-7-5720-3367-4

Ⅰ. G882.1-49

中国国家版本馆CIP数据核字第2025PZ5526号

责任编辑　金亚静
封面设计　施雅文

我滴马呀

黄竞欧　著　潘英姿　绘

出版发行	**上海教育出版社有限公司**	
官　网	www.seph.com.cn	
地　址	上海市闵行区号景路159弄C座	
邮　编	201101	
印　刷	上海盛通时代印刷有限公司	
开　本	890×1240　1/32　印张3	
字　数	60千字	
版　次	2025年3月第1版	
印　次	2025年3月第1次印刷	
书　号	ISBN 978-7-5720-3367-4/B·0090	
定　价	59.00元